まちごとチャイナ

Guangdong 002 Guangzhou

はじめての広州

亜熱帯の「二千年都市」

Asia City Guide Production

【白地図】広州と珠江デルタ

CHINA
広東省

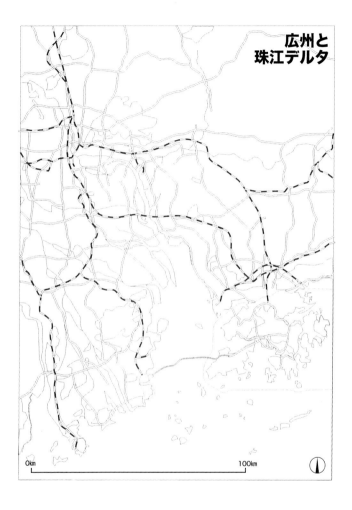

【白地図】広州

CHINA
広東省

広州 Guangzhou 白地図

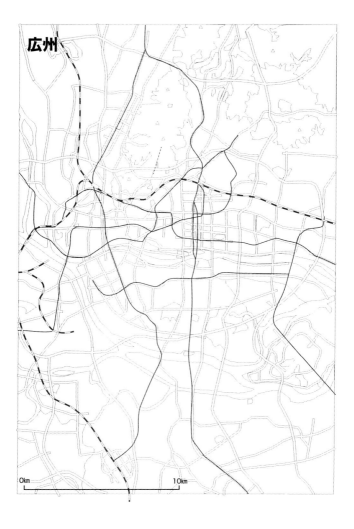

【白地図】広州中心部

CHINA
広東省

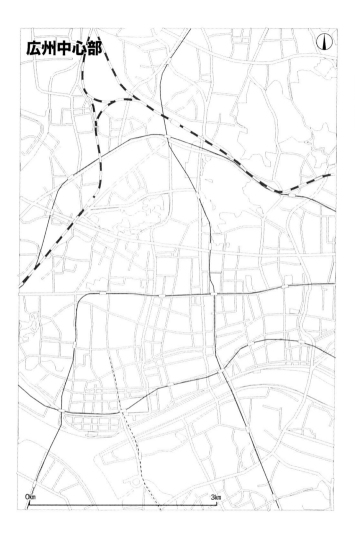

【白地図】越秀山近郊

CHINA
広東省

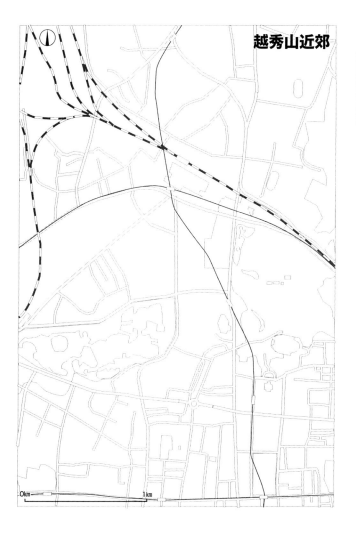

【白地図】広州古城

CHINA
広東省

広州古城

Guangzhou

白地図

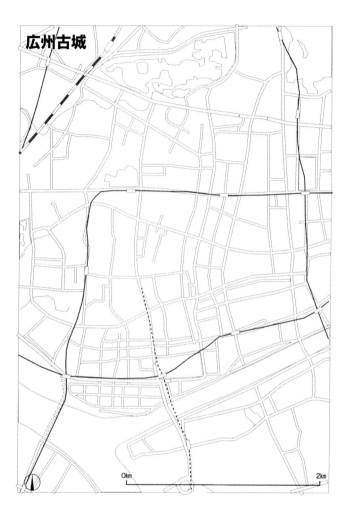

【白地図】天河

CHINA
広東省

天河

Guangzhou 白地図

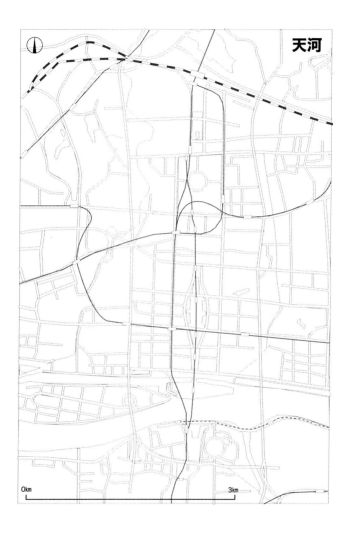

【白地図】花都区

CHINA
広東省

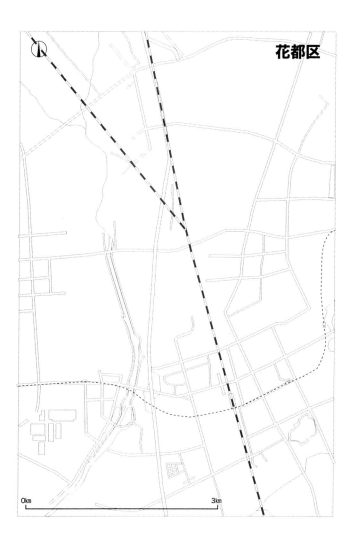

【まちごとチャイナ】
広東省001 はじめての広東省
広東省002 はじめての広州
広東省003 広州古城
広東省004 天河と広州郊外
広東省005 深圳（深セン）
広東省006 東莞
広東省007 開平（江門）
広東省008 韶関
広東省009 はじめての潮汕
広東省010 潮州
広東省011 汕頭

CHINA
広東省

　北回帰線のすぐ南に位置する広東省の省都、広州。北京、上海と東南アジアを結ぶ華南最大の都市で、始皇帝の紀元前3世紀以前から南海交易の拠点として開け、2000年以上に渡って街は繁栄を続けてきた（広州への地の利から、香港とマカオは西欧の植民地となった歴史がある）。

　この広州は、北京、上海、四川とならぶ広東料理の本場で、「食在広州（食は広州に在り）」の言葉で知られる。食材の豊富さから広州では「4本足は机以外、飛ぶものは飛行機以外、食べる」と言われ、午前中、お茶を飲みながら点心をつまみ、語らう

亜熱帯の「二千年都市」
广州 guǎng zhōu
グァンチョウ

Guang Zhou

飲茶はこの街ならではの光景となっている。

　このように中国歴代王朝の都がおかれてきた北京から遠いこともあって、広州では南方特有の歴史や文化、南国の開放的な雰囲気を感じられる。近代には辛亥革命を指導した孫文が拠点を構え、1978年以降の改革開放では香港に近い広東省がその最前線となり、広州天河地区では超高層ビル、現代建築が立ちならんでいる。

【まちごとチャイナ】

広東省 002 はじめての広州

目次

はじめての広州 …………………………………………… xvi

中国華南最大の都市 …………………………………… xxii

旧市街城市案内 ………………………………………… xxxii

新市街城市案内 ……………………………………………… l

広州郊外城市案内 …………………………………………… lvi

城市のうつりかわり ………………………………………… lxii

【MEMO】

【地図】広州と珠江デルタ

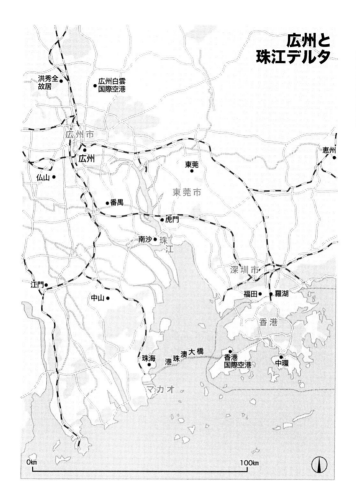

中国華南最大の都市

CHINA
広東省

「食在広州」と呼ばれる広東料理の本場
また隋唐以前からの伝統をもつ仏教寺院
花城とたたえられる南国の植生も見られる

南方の巨大都市

紀元前3世紀の始皇帝時代、番禺と呼ばれた広州では住民のほとんどが漢族とは異なる越系の人々で、その後、移住してきた漢族と混血することで広東人がかたちづくられてきた（古い中国語の語彙を残した広東語は北京語とは外国語ほどの違いがあると言われ、広東人は丸顔で背が低い）。この広東人が暮らす広州は北緯22～23度に位置し、街のすぐ北を北回帰線が走る亜熱帯性の気候となっていて、その緯度はキューバのハバナに等しい。また街の中心を珠江が流れることから、湿気が高く緑豊かで、「穂城」「羊城」「花城」といっ

Guangzhou 中国華南最大の都市

▲左 世界中から熱いまなざしが注がれる天河地区。 ▲右 珠江のほとりに開けた広州の街

た愛称で呼ばれている。

広州の地理

広州は珠江デルタのちょうど頂点に位置し、西江、北江、東江など珠江支流の合流地点にあたる（珠江デルタはこれらの河川の土砂で形成された。西江などの名前は広州から見て、流れてくる方向に由来する）。珠江をくだると南海へ、また西江、北江、東江を通って中国内陸部へ続く地の利が、広州を 2000 年以上に渡って海上交易の拠点という地位にしてきた。かつてインド洋から東南アジアをへて、中国にいたる商

▲左 豊かな緑が彩る広州古城の街角。 ▲右 中国を代表する広東料理の本場、上下九路にて

船がまずたどり着いたのがこの広州だったことから、歴史的には中国の「南大門」として記されている（唐代にはアラビアやペルシャ商人が暮らす蕃坊という居住区が形成されていた）。

「食在広州（食は広州に在り）」

山の幸や海の幸、ありとあらゆる食材を駆使する広東料理。素材のもち味を生かした、あっさりとした味つけで知られ、市場からテーブルにならぶまでの食材の新鮮さが重視される。仔豚の丸焼き「烤乳猪（カオルウヂュウ）」、広東風酢豚

【MEMO】

CHINA
広東省

▲左　天河の対岸にそびえる広州タワー。　▲右　華南屈指の古刹として知られる光孝寺

「咕噜肉（グゥルゥロウ）」といった料理が有名で、「雲呑（ワンタン）」、「焼売（シューマイ）」など、南方の華僑が日本に伝えた料理も多い（亜熱帯の気候から、他の中華のように強い火で炒めるといった料理が少ない）。またヘビや猿、猫、犬、うさぎなどの野生動物が使われることでも知られるほか、広州では海の幸をふんだんに使った潮州料理、北方の伝統を伝える客家料理なども食することができる。

【MEMO】

【地図】広州

【地図】広州の [★★☆]
- ☐ 中山記念堂 中山纪念堂 チョンシャンジィニェンタン
- ☐ 沙面 沙面 シャアミィエン
- ☐ 天河 天河 ティエンハァ
- ☐ 広州タワー 广州塔 グァンチョウタァ

【地図】広州の [★☆☆]
- ☐ 珠江 珠江 チュウジアン
- ☐ 広州国際会議展覧センター 广州国际会议展览中心 グァンチョウグゥオジィフゥイィイィチャンランチョンシン
- ☐ 黄埔軍校旧址 黄埔军校旧址 ファンプゥジュンシャオジゥチィ

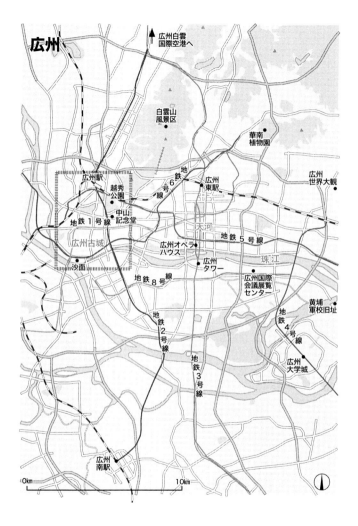

Guangzhou 中国華南最大の都市

【地図】広州中心部

【地図】広州中心部の [★★★]
- [ ] 西漢南越王墓博物館 西汉南越王墓博物馆 シィハンナンユエワンムゥボォウゥガン

【地図】広州中心部の [★★☆]
- [ ] 鎮海楼（広州博物館）镇海楼 チェンハイロウ
- [ ] 中山記念堂 中山纪念堂 チョンシャンジィニェンタン
- [ ] 陳家祠 陈家祠 チェンジァアツー
- [ ] 光孝寺 光孝寺 グアンシャオスー
- [ ] 上下九路 上下九路 シャンシャアジウリュウ
- [ ] 沙面 沙面 シャアミィエン
- [ ] 北京路 北京路 ベイジンルゥ

【地図】広州中心部の [★☆☆]
- [ ] 懐聖寺 怀圣寺 ファイシェンスー
- [ ] 珠江 珠江 チュウジアン

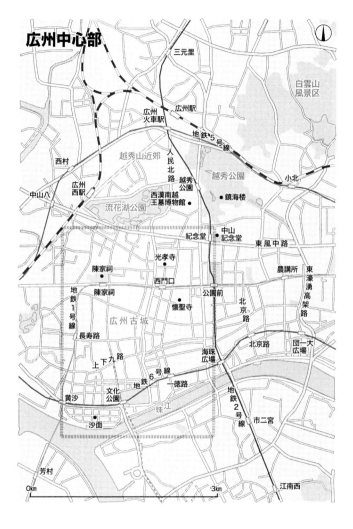

Guide, Gu Cheng
旧市街
城市案内

CHINA
広東省

古くから城市がおかれてきた広州旧市街
鎮海楼から珠江へ続く街並みに
寺院や旧址などが点在する

西漢南越王墓博物館 西汉南越王墓博物馆
xī hàn nán yuè wáng mù bó wù guǎn
シィハンナンユエワンムゥボォウゥガン ［★★★］

象崗山で発見された南越国の第2代文帝の墓を利用してつくられた西漢南越王墓博物館。紀元前207～前111年、中原に漢（西漢）のあった時代に、広州を中心に独立的な王権、南越国をつくっていたことからこの名前がつけられている。象崗山頂上部から深さ17mのところで発見された石室墓（南越国第2代文帝の墓）、また文帝の遺体をおおっていた絲縷玉衣（玉盤を赤の絹糸でぬいあわせた玉衣）、そのほかにも「文

▲左 越秀山に立つ鎮海楼、堂々としたたたずまい。 ▲右 絲縷玉衣を安置する西漢南越王墓博物館

帝行璽」の金印、「趙眜（文帝の名前）」という玉印、銅製の鼎、玉製品など漢族とは異なる南方の越系文化が見られる。

鎮海楼（広州博物館）镇海楼
zhèn hǎi lóu チェンハイロウ ［★★☆］

越秀山のもっとも高い場所に立つ五層の楼閣、鎮海楼。明代の1380年、倭寇の襲撃から広州を守る目的で建てられた（鎮海楼とは「海（珠江）を鎮める」の意味）。現在は広州博物館となっていて、高さ28mの建物は「五嶺以南第一楼」とたたえられる。アヘン戦争時に使用された大砲が入口におか

【地図】越秀山近郊

【地図】越秀山近郊の [★★★]
- [ ] 西漢南越王墓博物館 西汉南越王墓博物馆 シィハンナンユエワンムゥボォウゥガン

【地図】越秀山近郊の [★★☆]
- [ ] 鎮海楼(広州博物館)镇海楼 チェンハイロウ
- [ ] 中山記念堂 中山纪念堂 チョンシャンジィニェンタン
- [ ] 陳家祠 陈家祠 チェンジャアツー
- [ ] 光孝寺 光孝寺 グアンシャオスー
- [ ] 六榕寺 六榕寺 リィウロンスー

【地図】越秀山近郊の [★☆☆]
- [ ] 五羊仙庭 五羊仙庭 ウゥヤンシィアンティン

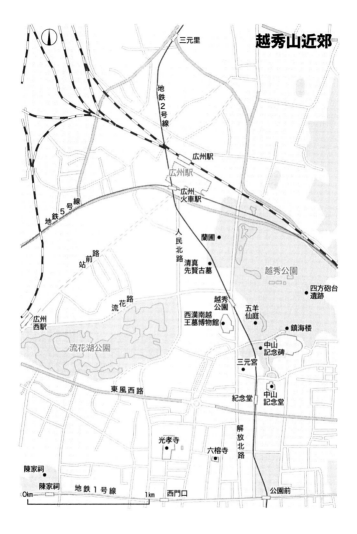

広東省

れているほか、1～4階に青銅器はじめ各時代の文物が展示されている（収蔵品は2万点にもなる）。

五羊仙庭 五羊仙庭
wǔ yáng xiān tíng ウゥヤンシィアンティン［★☆☆］

五羊仙庭は越秀公園に立つ5匹の羊の像（1960年に建立された）。古代周の時代、この街が飢饉に見舞われたとき、5人の仙人が稲穂をくわえた5匹の羊に乗り、天から降りてきたという伝説にちなむ。この伝説から、広州は「羊城（穂城）」と呼ばれ、広州の象徴的な建造物となっている。

▲左 広州の別名、羊城の由来になった故事にちなむ羊の像。　▲右 「中国革命の父」孫文の像が立つ中山記念堂

中山記念堂 中山纪念堂 zhōng shān jì niàn táng
チョンシャンジィニェンタン ［★★☆］

越秀公園の南麓に立つ青の瑠璃瓦でふかれた中山記念堂。清朝を打倒した1911年の辛亥革命を指導した「中国革命の父」孫文を記念して建てられたもので、八角形プランの建物の高さは47mになる。記念堂の正面には、「天下為公（天下を公となす）」の額がかかげられ、その前には孫文の銅像が立つ。また敷地内には孫中山記念館が位置する。

【地図】広州古城

【地図】広州古城の [★★☆]
- [ ] 中山記念堂 中山纪念堂 チョンシャンジィニェンタン
- [ ] 陳家祠 陈家祠 チェンジャアツー
- [ ] 光孝寺 光孝寺 グアンシャオスー
- [ ] 六榕寺 六榕寺 リィウロンスー
- [ ] 上下九路 上下九路 シャンシャアジウリュウ
- [ ] 沙面 沙面 シャアミィエン

【地図】広州古城の [★☆☆]
- [ ] 懐聖寺 怀圣寺 ファイシェンスー
- [ ] 聖心堂 圣心堂 シェンシンタン
- [ ] 珠江 珠江 チュウジアン
- [ ] 西関大屋 西关大屋 シィガンダァウー

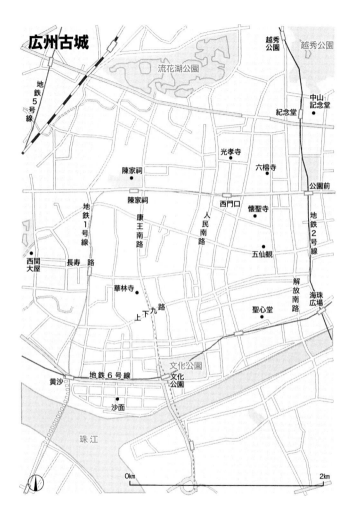

広東省

陳家祠 陈家祠 chén jiā cí チェンジァアツー ［★★☆］
陳家祠は大小19の書院からなる華南最大規模の祠堂。19世紀末、広東省に暮らす陳姓の人々が資金を出しあって建てた一族共通の祠堂となっている。建物は色鮮やかな瑠璃塼、木彫り、塑像などの装飾で満たされ、広東民間工芸博物館としても利用されている。

▲左　凝りに凝った彫刻が見られる。　▲右　光孝寺の仏僧、嶺南仏教の伝統が息づく

光孝寺 光孝寺 guāng xiào sì グアンシャオスー ［★★☆］

嶺南仏教の総本山として知られる光孝寺。紀元前2世紀に南越国の第5代趙建徳の王宮がこの地におかれていたという歴史があり、その後、三国時代に仏教寺院になったと伝えられる。中国で仏教が根づいていく4世紀以後の東晋時代から隋唐にかけて、南海経由で広州を訪れたインド人仏教僧が拠点を構えるなど、華南仏教寺院の代表格と見られるようになった。唐代に活躍した禅宗の六祖慧能に由来する六祖殿、また中国最古級の鉄塔として知られる東西鉄塔が残っている。

▲左　広州を代表する仏教寺院、光孝寺の門構え。　▲右　高さ57mの仏塔で知られる六榕寺

六榕寺 六榕寺 liù róng sì リィウロンスー ［★★☆］

高さ57m、九層の美しい仏塔がそびえる六榕寺。梁代の537年に創建された歴史をもち、大雄宝殿、観音殿などの伽藍が残る。六榕寺という名前は、宋代、左遷された蘇東坡がこの寺院を訪れたとき、敷地内に咲いていた6株の榕樹ことガジュマルをたたえたことにちなみ、明代にこう呼ばれるようになった（古く華南は流刑地として知られていた）。

懐聖寺 怀圣寺 huái shèng sì ファイシェンスー [★☆☆]

懐聖寺は唐代の627年に創建された歴史をもつイスラム教寺院。唐代の広州では、10万人ものアラビア、ペルシャ商人が蕃坊と呼ばれる居住区に暮らしていたとされ、懐聖寺はそれらイスラム教徒の信仰の拠りどころとなってきた。高さ36.6mの円型ミナレットが立ち、ここに火を灯して灯台の役割も担っていたことから、光塔寺とも言われる。

▲左　懐聖寺のミナレット、通りに面して立つ。　▲右　キリスト教の教会聖心堂、広州に残る欧風建築

聖心堂 圣心堂 shèng xīn táng シェンシンタン［★☆☆］

1888年に建てられたゴシック様式の教会、聖心堂。「石室」の愛称をもち、美しい尖塔が見える。

上下九路 上下九路
shàng xià jiǔ lù シャンシャアジウリュウ［★★☆］

珠江の北側を東西に走る繁華街、上下九路。広州酒家、蓮香楼といった老舗をはじめ、通りの両脇にはずらりと店がならぶ。また1階の店舗部分が屋根をもつ回廊式（騎楼）になっていて、夏の陽射しや雨を防ぐ役割を果たしている。

広東省

飲茶を楽しむ広東人

広東人は、朝から茶を飲みながら点心をつまむ飲茶（ヤムチャ）を楽しむ。この飲茶は人々の社交の場にもなっており、人々は思い思いの点心を口にしながら語らいのときを過ごしている。

珠江 珠江 zhū jiāng チュウジアン ［★☆☆］

西江、北江、東江という３つの代表的な支流からなり、中国華南を潤す珠江。最大の流域面積をもつ西江の全長は2129kmで、河口部では虎門や崖門など８つの門にわかれて南海にそそぐ。

▲左　周囲には大屋と呼ばれる邸宅が立つ西関。　▲右　西欧建築がならぶ沙面、清代以来の歴史をもつ

沙面 沙面 shā miàn シャアミィエン ［★★☆］

沙面は広州旧市街の南、珠江に浮かぶ楕円形の島。ここは清代、中国との交易を行なう西欧人が商館を構えた場所で、現在も各国大使館はじめ欧風建築が立ちならんでいる（清代には対外貿易は広州1か所に限られ、沙面がその舞台となっていた）。長崎の出島のように外国人がこの島から出ることは原則許されず、1本の橋だけが広州市街とつながっていたという。

広東省

西関大屋 西关大屋
xī guān dà wū シィガンダァウー [★☆☆]

かつての広州城外にあたり、珠江を通じた貿易で巨額の富を得た商人の邸宅が残る西関。清代からこの地に建てられた嶺南様式の建物を西関大屋と言い、今でも古い街並みが保存されている。

Guide, Tian He
新市街 城市案内

CHINA 広東省

古く広州の街は越秀公園の南にあったが
街の拡大とともにその東部が開発されるようになった
天河地区には超高層ビル群が林立する

北京路 北京路 běi jīng lù ベイジンルゥ ［★★☆］

北京路は広州中心部を南北に走る広州随一の繁華街。商店が立ちならぶなか、多くの人でにぎわいを見せる。

天河 天河 tiān hé ティエンハァ ［★★☆］

街の発展とともに広州旧市街の東側に整備された新市街、天河。広州国際金融センター、広州オペラハウス、広東省博物館新館などが集まり、珠江の対岸には高さ600mの広州タワーがそびえている。

【MEMO】

【地図】天河

【地図】天河の ［★★☆］

- □　天河 天河ティエンハァ
- □　広州タワー 广州塔グァンチョウタァ

CHINA
広東省

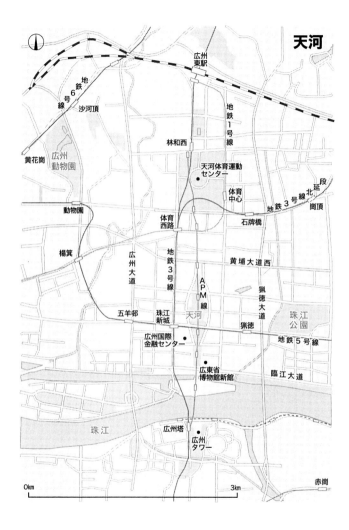

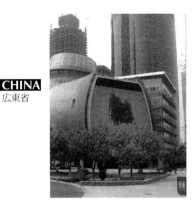

▲左 特徴的な外観をもつ天河の現代建築。 ▲右 天河からさらに東に位置する広州国際会議展覧センター

広州タワー 广州塔 guǎng zhōu tǎ グァンチョウタァ [★★☆]

珠江の南側にそびえる高さ600mの広州タワー。広州市街を見渡せる展望台や商業施設を備えているほか、夜にはライトアップされる。

広州国際会議展覧センター 广州国际会议展览中心
guǎng zhōu guó jì huì yì zhǎn lǎn zhōng xīn グァンチョウグゥオジィフゥイイィチャンランチョンシン [★☆☆]

天河地区の南東に位置する広州国際会議展覧センター。ここは中国を代表する展覧場で、広州交易会の会場としても使われる。

Guide, Jiao Qu
広州郊外
城市案内

CHINA
広東省

広州東に位置し、海港がおかれていた黄埔
また北の花都は汽車城としても知られる
かつて郊外だった地の一体化が進んでいる

黄埔軍校旧址 黄埔军校旧址 huáng pǔ jūn xiào jiù zhǐ
ファンプゥジュンシャオジゥチィ ［★☆☆］

広州東に残る黄埔軍校旧址は、1924年、ソ連の援助でつくられた軍官学校で、中国近代史に重要な足跡を残した。初代校長に国民党の蒋介石、政治主任に共産党の周恩来が就任するなど、国共合作の象徴とも見られ、多くの軍人を教え子にもった蒋介石はのちに国民党の実権を握り、北伐にのぞんでいる。創立から60年にあたる1984年に黄埔軍官学校旧址として整備された。

洪秀全故居 洪秀全故居 hóng xiù quán gù jū
ホンシウチュアンチュウジュウ ［★☆☆］

広州北の花都区に残る洪秀全故居。1814年、広州郊外の花県に客家として生まれた洪秀全は、青年期をこの地で過ごし、のちに太平天国を樹立した。キリスト教の影響のもと、南京を中心に華中を支配下においた太平天国（1850〜1864年）では、清朝をおびやかすまでに勢力を拡大させたが、結局、近代兵器で装備した曽国藩の湘軍、李鴻章の淮軍の前に鎮圧されることになった。この洪秀全故居は20世紀になってから復元され、洪秀全が塾教師をしていた書房閣、洪一族の祖

【地図】花都区

【地図】花都区の ［★☆☆］
□ 洪秀全故居 洪秀全故居ホンシウチュアンチュウジュウ

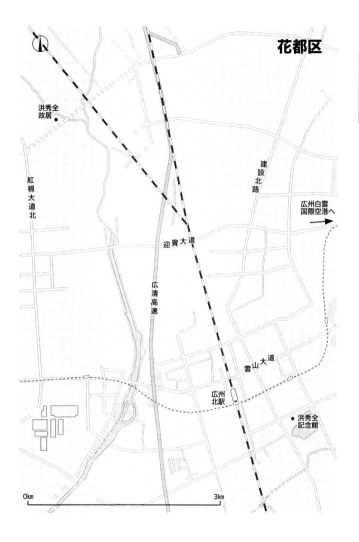

CHINA
広東省

▲左　市場では南国のフルーツも目にする。　▲右　郊外へ郊外へ拡大を続ける広州の街

廟や洪氏宗祠、資料室などが見られる。

城市の
うつり
かわり

CHINA
広東省

中国文明が育まれた中原から遥か南方の地
南海交易の拠点として街は発展し
広州は 2000 年を超える歴史をもつ

古代（～紀元前 3 世紀）

中原から見て、華南は文明のいたらぬ野蛮な地とされ、越系（南方の原住民）の人々が暮らしていた。古代周の紀元前 9 世紀に楚の国がここに「楚庭（城郭の意味）」を建てたと言われ、また春秋戦国時代に越王勾践に滅ぼされた呉の王族が広州へ逃れてきて南武城を築いたとも伝えられる。紀元前 214 年、始皇帝による遠征で中国の版図となり、広州に番禺県がおかれた。当時、中国では南方の香料や象牙へのあこがれが強く、広州はそれら物資の集散地となっていた。

南越呉（紀元前3～3世紀）

秦末期の混乱のなかで、南海郡の官吏だった趙佗は、紀元前207年、番禺（広州）を拠点に自立して、南越国を開いた。この南越国は、今の広東省、広西チワン族自治区から北ベトナムにまでおよび、住民のほとんどを越系の人々がしめていた。南越国は、趙佗から5代に渡って続いたが、紀元前111年、武帝によって漢の支配下に入った。後漢に続く3世紀の三国時代には呉の領域となり、この時代、はじめて広州という名前が現れている（226年、孫権が広東、広西、北ベトナムをふくむ公州の東部を広州、西部を公州とした）。

CHINA
広東省

魏晋南北朝（3〜6世紀）

4世紀以降、華北が北方民族の支配下に入ると、漢族は南方で東晋を建国し、この時代、南海交易が盛んになったことから、多くの文化や物資が広州に流入するようになった（また華北の混乱を避けて、客家の人々が段階的に南方へ移動をはじめた）。南朝の領域にあった広州では仏教が盛んになり、光孝寺はこの時代から続く古刹として知られる。

▲左　西漢南越王墓博物館にて、中原とは違った文化が見られる。　▲右　点心を売る店、広東人は朝から食欲旺盛

隋唐（6〜10世紀）

南北朝時代から再び中国を統一したのが北朝から出た隋で、40年の支配ののち、唐にとって替わられた。唐の都長安には世界中から人々が集まり、シルクロードを通じてペルシャやインドの文化が入ってきた。また広州は海上交易拠点として目覚しい発展を遂げ、イスラム商人が集住する蕃坊と呼ばれる居住区もあった（懐聖寺はこの時代からの歴史をもつ）。黄河中流域から見て、はるか南方の地であることから、広州は役人の左遷場所、流刑地という性格もあった。

CHINA
広東省

南漢宋元（10〜14世紀）

唐末期に起きた黄巣の乱では、広州に暮らす外国商人が12万人も殺害されたという記録が残っている。この乱を契機に唐は滅亡し、中国は五代十国時代に入るが、広州をおさめたのは南海交易で財をなしていた劉隠の一族が樹立した南漢（917〜971年）だった（この時代、広州は興王府と呼ばれていた）。宋から元にかけても、広州の繁栄は続いたが、南宋の都杭州へより近い福建省泉州に、中国随一の海上交易拠点の座は譲ることになった（南宋は1279年、広州近くの厓山で滅亡している）。また10世紀の宋代より多くの人が華僑

として広州から東南アジアへ進出をはじめた。

明清（14〜19世紀）

明代に入ると、鄭和がインド洋から東アフリカにまで航海に乗り出すなど、海上交易はさらに活発に進んだ（鄭和は二度、広州から南海へ出発している）。またこの時代、大航海時代を迎えたポルトガルがインド洋を越えて、中国に姿を見せるようになっていた。海賊討伐の功が認められたポルトガルは、1557年に広州近くのマカオへの滞在を許された（南海経由ではじめてたどり着く中国が広州で、その後、マカオはオラ

CHINA
広東省

ンダやイギリスなど西欧諸国の拠点となった)。清代の1757年、中国の対外交易地は広州だけにしぼられ、西欧人はマカオに滞在し、許された期間だけ広州で交易を行なうようになった。1840年、中国との交易拡大を求めるイギリスとのあいだでアヘン戦争が勃発し、敗れた清朝は広州のほかにも厦門や上海を開港させられることになった。

近代（19〜20世紀）

アヘン戦争後の1842年に結ばれた南京条約で、広州近くの香港がイギリスに割譲され、この街には西欧の思想や文化が

▲左　広東語で演じられる粤劇、この地方独自の文化のひとつ。　▲右　慧能ゆかりの光孝寺、その教えは日本にも伝わっている

いち早く入ってきた。海上交易の拠点という役割は、広州から香港や上海へと移ったが、皇帝の暮らす北京から遠く、中国人と西欧人が同居するこの街では先進的な気風が育まれた。孫文などの革命家が広州を拠点とし、1911年に辛亥革命が起こると清朝は打倒された。孫文死後、広州東の黄埔陸軍軍官学校の初代校長だった蔣介石が国民党の実権を掌握したほか、広州では中国共産党も積極的に活動していた（第一次国共合作は、1924年に広州で行なわれた）。また日中戦争がはじまったあと、1938年に日本軍が広州を占領し、その状態は1945年の終戦まで続いた。

CHINA
広東省

現代(20世紀末〜)

1949年の中華人民共和国成立以後、計画経済のもと国づくりが進められていたが、1978年に鄧小平が実権をにぎると、資本主義の要素を導入する改革開放が唱えられた。その実験の舞台となったのは、北京から遠く離れた広東省で、香港に隣接する深圳、東莞、そして広州へと発展は広がり、現在では珠江デルタを中心に巨大な華南経済圏を構成している。広州では20世紀末から、広州古城東の天河地区が新市街として整備され、超高層ビルがならび立つこの街の新たな政治、経済、文化の中心地となっている。

Guangzhou 城市のうつりかわり

参考文献

『広東省』(辻康吾 / 弘文堂)

『中国の歴史散歩 4』(山口修 / 山川出版社)

『廣州』(黄菘華・楊万秀 / 中国建筑工业出版社)

『中国世界遺産の旅 4』(武内房司 / 講談社)

『鄭和から続く広州のムスリムコミュニティ』(濱下武志 / 季刊民族学)

『世界大百科事典』(平凡社)

[PDF] 広州地下鉄路線図 http://machigotopub.com/pdf/guangzhoumetro.pdf

[PDF] 広州白雲空港案内 http://machigotopub.com/pdf/guangzhouairport.pdf

[PDF] 広州地下鉄歩き http://machigotopub.com/pdf/metrowalkguangzhou.pdf

まちごとパブリッシングの旅行ガイド

Machigoto INDIA , Machigoto ASIA , Machigoto CHINA

【北インド - まちごとインド】

001 はじめての北インド
002 はじめてのデリー
003 オールド・デリー
004 ニュー・デリー
005 南デリー
012 アーグラ
013 ファテープル・シークリー
014 バラナシ
015 サールナート
022 カージュラホ
032 アムリトサル

【西インド - まちごとインド】

001 はじめてのラジャスタン
002 ジャイプル
003 ジョードプル
004 ジャイサルメール
005 ウダイプル
006 アジメール（プシュカル）
007 ビカネール
008 シェカワティ
011 はじめてのマハラシュトラ
012 ムンバイ
013 プネー
014 アウランガバード
015 エローラ
016 アジャンタ
021 はじめてのグジャラート
022 アーメダバード
023 ヴァドダラー（チャンパネール）
024 ブジ（カッチ地方）

【東インド - まちごとインド】

002 コルカタ
012 ブッダガヤ

【南インド - まちごとインド】

001 はじめてのタミルナードゥ
002 チェンナイ
003 カーンチプラム
004 マハーバリプラム
005 タンジャヴール
006 クンバコナムとカーヴェリー・デルタ
007 ティルチラパッリ
008 マドゥライ
009 ラーメシュワラム
010 カニャークマリ
021 はじめてのケーララ
022 ティルヴァナンタプラム
023 バックウォーター（コッラム〜アラップーザ）
024 コーチ（コーチン）
025 トリシュール

【ネパール - まちごとアジア】

001 はじめてのカトマンズ
002 カトマンズ
003 スワヤンブナート

004 パタン
005 バクタプル
006 ポカラ
007 ルンビニ
008 チトワン国立公園

【バングラデシュ - まちごとアジア】

001 はじめてのバングラデシュ
002 ダッカ
003 バゲルハット（クルナ）
004 シュンドルボン
005 プティア
006 モハスタン（ボグラ）
007 パハルプール

【パキスタン - まちごとアジア】

002 フンザ
003 ギルギット（KKH）
004 ラホール
005 ハラッパ
006 ムルタン

【イラン - まちごとアジア】

001 はじめてのイラン
002 テヘラン
003 イスファハン
004 シーラーズ
005 ペルセポリス
006 パサルガダエ（ナグシェ・ロスタム）
007 ヤズド
008 チョガ・ザンビル（アフヴァーズ）
009 タブリーズ

010 アルダビール

【北京 - まちごとチャイナ】

001 はじめての北京
002 故宮（天安門広場）
003 胡同と旧皇城
004 天壇と旧崇文区
005 瑠璃廠と旧宣武区
006 王府井と市街東部
007 北京動物園と市街西部
008 頤和園と西山
009 盧溝橋と周口店
010 万里の長城と明十三陵

【天津 - まちごとチャイナ】

001 はじめての天津
002 天津市街
003 浜海新区と市街南部
004 薊県と清東陵

【上海 - まちごとチャイナ】

001 はじめての上海
002 浦東新区
003 外灘と南京東路
004 淮海路と市街西部
005 虹口と市街北部
006 上海郊外（龍華・七宝・松江・嘉定）
007 水郷地帯（朱家角・周荘・同里・甪直）

【河北省 - まちごとチャイナ】

001 はじめての河北省
002 石家荘
003 秦皇島
004 承徳
005 張家口
006 保定
007 邯鄲

【江蘇省 - まちごとチャイナ】

001 はじめての江蘇省
002 はじめての蘇州
003 蘇州旧城
004 蘇州郊外と開発区
005 無錫
006 揚州
007 鎮江
008 はじめての南京
009 南京旧城
010 南京紫金山と下関
011 雨花台と南京郊外・開発区
012 徐州

【浙江省 - まちごとチャイナ】

001 はじめての浙江省
002 はじめての杭州
003 西湖と山林杭州
004 杭州旧城と開発区
005 紹興
006 はじめての寧波
007 寧波旧城
008 寧波郊外と開発区
009 普陀山
010 天台山
011 温州

【福建省 - まちごとチャイナ】

001 はじめての福建省
002 はじめての福州
003 福州旧城
004 福州郊外と開発区
005 武夷山
006 泉州
007 厦門
008 客家土楼

【広東省 - まちごとチャイナ】

001 はじめての広東省
002 はじめての広州
003 広州古城
004 天河と広州郊外
005 深圳(深セン)
006 東莞
007 開平(江門)
008 韶関
009 はじめての潮汕
010 潮州
011 汕頭

【遼寧省 - まちごとチャイナ】

001 はじめての遼寧省
002 はじめての大連
003 大連市街
004 旅順
005 金州新区

006 はじめての瀋陽
007 瀋陽故宮と旧市街
008 瀋陽駅と市街地
009 北陵と瀋陽郊外
010 撫順

【重慶 - まちごとチャイナ】

001 はじめての重慶
002 重慶市街
003 三峡下り（重慶～宜昌）
004 大足

【香港 - まちごとチャイナ】

001 はじめての香港
002 中環と香港島北岸
003 上環と香港島南岸
004 尖沙咀と九龍市街
005 九龍城と九龍郊外
006 新界
007 ランタオ島と島嶼部

【マカオ - まちごとチャイナ】

001 はじめてのマカオ
002 セナド広場とマカオ中心部
003 媽閣廟とマカオ半島南部
004 東望洋山とマカオ半島北部
005 新口岸とタイパ・コロアン

【Juo-Mujin（電子書籍のみ）】

Juo-Mujin 香港縦横無尽
Juo-Mujin 北京縦横無尽
Juo-Mujin 上海縦横無尽

【自力旅游中国 Tabisuru CHINA】

001 バスに揺られて「自力で長城」
002 バスに揺られて「自力で石家荘」
003 バスに揺られて「自力で承徳」
004 船に揺られて「自力で普陀山」
005 バスに揺られて「自力で天台山」
006 バスに揺られて「自力で秦皇島」
007 バスに揺られて「自力で張家口」
008 バスに揺られて「自力で邯鄲」
009 バスに揺られて「自力で保定」
010 バスに揺られて「自力で清東陵」
011 バスに揺られて「自力で潮州」
012 バスに揺られて「自力で汕頭」
013 バスに揺られて「自力で温州」

【車輪はつばさ】
南インドのアイラヴァテシュワラ寺院には建築本体に車輪がついていて寺院に乗った神さまが人びとの想いを運ぶと言います。

- 本書はオンデマンド印刷で作成されています。
- 本書の内容に関するご意見、お問い合わせは、発行元のまちごとパブリッシング info@machigotopub.com までお願いします。

まちごとチャイナ
広東省002はじめての広州
～亜熱帯の「二千年都市」［モノクロノートブック版］

2017年11月14日　発行

著　者	「アジア城市（まち）案内」制作委員会
発行者	赤松　耕次
発行所	まちごとパブリッシング株式会社 〒181-0013　東京都三鷹市下連雀4-4-36 URL http://www.machigotopub.com/
発売元	株式会社デジタルパブリッシングサービス 〒162-0812　東京都新宿区西五軒町11-13 清水ビル3F
印刷・製本	株式会社デジタルパブリッシングサービス URL http://www.d-pub.co.jp/

MP110

ISBN978-4-86143-244-6 C0326　　　Printed in Japan
本書の無断複製複写（コピー）は、著作権法上での例外を除き、禁じられています。